BEI GRIN MACHT SICH IHR WISSEN BEZAHLT

Bibliografische Information der Deutschen Nationalbibliothek:

Die Deutsche Bibliothek verzeichnet diese Publikation in der Deutschen National-bibliografie; detaillierte bibliografische Daten sind im Internet über http://dnb.d-nb.de/ abrufbar.

Dieses Werk sowie alle darin enthaltenen einzelnen Beiträge und Abbildungen sind urheberrechtlich geschützt. Jede Verwertung, die nicht ausdrücklich vom Urheberrechtsschutz zugelassen ist, bedarf der vorherigen Zustimmung des Verla-ges. Das gilt insbesondere für Vervielfältigungen, Bearbeitungen, Übersetzungen, Mikroverfilmungen, Auswertungen durch Datenbanken und für die Einspeicherung und Verarbeitung in elektronische Systeme. Alle Rechte, auch die des auszugsweisen Nachdrucks, der fotomechanischen Wiedergabe (einschließlich Mikrokopie) sowie der Auswertung durch Datenbanken oder ähnliche Einrichtungen, vorbehalten.

Impressum:

Copyright © 2018 GRIN Verlag
Druck und Bindung: Books on Demand GmbH, Norderstedt Germany
ISBN: 9783668870680

Dieses Buch bei GRIN:

https://www.grin.com/document/456765

Elena Maier

Trainingsplanung von Beweglichkeits- und Koordinationstraining

GRIN Verlag

Deutsche Hochschule für

Prävention und Gesundheitsmanagement

Hermann Neuberger Sportschule 3

66123 Saarbrücken

Einsendeaufgabe

Fachmodul: Trainingslehre III

Studiengang: Fitnessökonomie

Name, Vorname: Maier, Elena

Studienort: **Stuttgart**

Semester: **Wintersemester 2016**

Inhaltsverzeichnis

1 Teilaufgabe 1 - Personendaten

Tab. 1: Allgemeine Daten der Person (eigene Darstellung)

Alter:	20 Jahre
Geschlecht:	Männlich
Körpergröße:	1,76m
Körpergewicht:	72kg
Trainingsmotive:	- Erhalt und Verbesserung der Beweglichkeit - Ausgleich einseitiger Alltagshaltung - Abbau von Muskelverspannungen der Oberschenkelvorderseite und des unteren Rückens
Berufliche Tätigkeit:	Bürokaufmann
Aktuelle sportliche Aktivitäten:	Fußballspieler im Amateurbereich; 2 mal wöchentlich Training für je 90min, zusätzlich 1 Fußballspiel am Wochenende mit einer Dauer von 90 min. Dehn- oder Beweglichkeitstraining wird im Rahmen des Fußballtrainings nicht durchgeführt.
Frühere sportliche Aktivitäten:	Fußballtraining seit dem 6. Lebensjahr
Zeitlicher Verfügungsrahmen:	2 Trainingseinheiten pro Woche für je 45 Minuten
Allgemeiner Gesundheitszustand:	Der Proband klagt über gelegentliche Verspannungen in der Muskulatur der Oberschenkelvorderseite und des unteren Rückens nach dem Fußballspielen. Der Proband weist keine Verletzungen oder Krankheiten vor. Er hat keine orthopädischen oder internistischen Probleme, ist nicht in ärztlicher Behandlung und nimmt keine Medikamente ein. Es sind keine gesundheitlichen Einschränkungen bekannt.
Bewertung der Daten in Hinblick auf die Belastbarkeit/Trainierbarkeit der Person:	Die Anamnese des Probanden lässt auf keine körperlichen Einschränkungen schließen. Der Proband verfügt über einen intakten Gleichgewichtssinn und über eine ausreichende muskuläre Stabilisationsfähigkeit. Deshalb ist der Proband in Hinblick auf das Training voll belastbar. Da er bislang kein Dehn- und Gleichgewichtstraining durchgeführt hat, ist er als Anfänger einzustufen.

2 Teilaufgabe 2 – Beweglichkeitstestung

Um die Beweglichkeit des Probanden einschätzen zu können und mögliche Beweglichkeitseinschränkungen ermitteln zu können, wird das vereinfachte Testverfahren der Muskelfunktionsprüfung nach Janda (2000) durchgeführt. In Tabelle 2 werden die dafür notwendigen Übungen und deren Durchführung dargestellt. Tabelle 3 sind die Testergebnisse der verschiedenen Übungen zu entnehmen. In Tabelle 4 werden die ermittelten Testergebnisse bewertet und interpretiert.

4

Tab. 2: Beweglichkeitstestung (eigene Darstellung)

Übung:	Durchführung:
Übung 1: Brustmuskulatur (M. pectoralis major)	Der Proband befindet sich in Rückenlage auf einer Liege. Seine Beine sind angewinkelt und die Füße haben Kontakt zur Auflagefläche, um das Becken zu fixieren. Sein Brustkorb wird vom Tester auf der gegenüberliegenden Seite des zu testenden Arms mit der Hand fixiert. Der Proband abduziert den zu testenden Arm im 90° Winkel, beugt den Ellenbogen um 90° und rotiert den Arm um 90° nach außen. Die horizontale Position des Oberarmes gilt als Messbereich (Janda, 2000, S. 270).
Übung 2: Hüftbeugemuskulatur (M. iliopsoas)	Der Proband befindet sich in Rückenlage auf einer Liege. Das Gesäß befindet sich an der Vorderkante der Liege, die Beine hängen hinab. Nun zieht der Proband ein Bein so weit wie möglich zu seinem Körper heran, also in die maximale Hüftflexion (Thomas-Handgriff). Damit werden Becken und Lendenwirbelsäule fixiert. Sein anderes Bein bleibt im Überhang. Messbereich ist der Hüftbeugewinkel des Oberschenkels des hinabhängenden Beins (Janda, 2000, S. 258).
Übung 3: Kniestreckmuskulatur (M. rectus femoris)	Der Proband befindet sich in Rückenlage auf einer Liege. Das Gesäß befindet sich an der Vorderkante der Liege, die Beine hängen hinab. Der Proband zieht ein Bein weit möglichst zum Körper heran (Thomas-Handgriff). Damit werden Becken und Lendenwirbelsäule fixiert. Das andere Bein bleibt im Überhang und wird dort vom Tester in der maximalen Hüftstreckung fixiert. Messbereich ist der Kniebeugewinkel des hinabhängenden Beines (Janda, 2000, S. 258).
Übung 4: Kniebeugemuskulatur (Mm. ischiocrurales)	Der Proband befindet sich in Rückenlage auf einer Liege. Ein Bein ist angewinkelt, die Fußsohle hat Kontakt zur Unterlage. Das zu testende Bein ist im Kniegelenk gestreckt. Der Tester greift das Fußgelenk und führt das Bein in die maximale Hüftflexion. Dabei ist es wichtig, dass das Kniegelenk gestreckt bleibt. Messbereich ist der Hüftbeugewinkel (Janda, 2000, S. 261).
Übung 5: Wadenmuskulatur (Mm. triceps surae)	Der Proband befindet sich in Rückenlage auf einer Liege. Ein Bein ist angewinkelt, die Fußsohle hat Kontakt zur Unterlage. Das zu testende Bein ist gestreckt, die Wade reicht über die Liege hinaus. Der Tester greift mit einer Hand den unteren Teil des Fersenbeins. Mit der anderen greift er die Fußaußenkante. Nun beugt der Tester den Fuß vorsichtig in die maximale Dorsalextension. Messbereich ist der Dorsalextensionswinkel (Janda, 2000, S. 255).

Tab. 3: Testergebnisse und Normwerte (eigene Darstellung)

Stufe	Muskel	Ergebnis	
		Rechts	Links
	M. pectoralis major (Janda, 2000, S. 271)		
0	Keine Beweglichkeitsdefizite; Oberarm kommt in die Horizontale, mit Hilfe von leichtem Druck des Testers kann der Oberarm unter die Horizontale bewegt werden.		
1	Leichte Beweglichkeitsdefizite; der Oberarm erreicht die Horizontale nur mit leichtem Druck des Testers.	X	X

Stufe	Muskel	Ergebnis	
		Rechts	Links
2	Deutliche Beweglichkeitsdefizite; der Oberarm erreicht die Horizontale auch nicht mit Hilfe des Testers.		
	M. iliopsoas (Janda, 2000, S. 259)		
0	Keine Beweglichkeitsdefizite; der Oberschenkel erreicht die Horizontale und kann mit Hilfe des Testers unter die Horizontale bewegt werden.		
1	Leichte Beweglichkeitsdefizite; die Hüfte ist leicht gebeugt, kann aber mit Hilfe des Testers in die Horizontale gestreckt werden.		
2	Deutliche Beweglichkeitsdefizite; der Oberschenkel erreicht die Horizontale auch mit Hilfe des Testers nicht.	X	X
	M. rectus femoris (Janda, 2000, S. 259)		
0	Keine Beweglichkeitsdefizite; Unterschenkel hängt senkrecht hinab, Kniebeugung kann mit Hilfe des Testers vergrößert werden.		
1	Leichte Beweglichkeitsdefizite; der Unterschenkel ist leicht nach vorne gestreckt, der 90° Winkel im Knie kann nur durch leichten Druck des Testers erreicht werden.		
2	Deutliche Beweglichkeitsdefizite; ein Kniebeugewinkel von 90° kann auch mit Hilfe des Testers nicht erreicht werden.	X	X
	M. ischiocrurales (Janda. 2000, S. 262)		
0	Keine Beweglichkeitsdefizite; der Proband erreicht einen Hüftbeugewinkel von 90°.		
1	Leichte Beweglichkeitsdefizite; der Hüftbeugewinkel liegt zwischen 80-90°.	X	X
2	Deutliche Beweglichkeitsdefizite; der Hüftbeugewinkel liegt unter 80°.		
	M. triceps surae (Janda, 2000, S. 255)		
0	Keine Beweglichkeitsdefizite; der Proband erreicht einen Dorsalextensionswinkel von mindestens 0°.		
1	Leichte Beweglichkeitsdefizite; die Dorsalextension ist möglich, erreicht aber nicht die 0°-Stellung.	X	X
2	Deutliche Beweglichkeitsdefizite; die Dorsalextension ist nur bis 10° unter der 0°-Position möglich.		

Tab. 4: Bewertung und Interpretation der ermittelten Testergebnisse (eigene Darstellung)

Übung:	Bewertung
Übung 1: Brustmuskulatur (M. pectoralis major)	Der Proband weist in beiden Armen leichte Beweglichkeitsdefizite des M. pectoralis major auf. Diese lassen sich vermutlich auf die einseitige Haltung (=Zwangshaltung) in seinem Beruf zurückführen. Daraus resultiert die Empfehlung, den M. pectoralis major zu dehnen und mit leichtem Gewicht in der vollen Bewegungsamplitude zu trainieren, sowie die Antagonisten (hauptsächlich die Rhomboiden und den Trapezmuskel) zu kräftigen.
Übung 2: Hüftbeugemuskulatur	Der Proband verfügt über deutliche Beweglichkeitsdefizite im M. iliopsoas. Diese Bewegungseinschränkungen können mitverantwortlich für die nach dem

6

(M. iliopsoas)	Fußball auftretenden Probleme des unteren Rückens sein. Ursache für die Bewegungseinschränkungen kann die permanent eingeschränkte Bewegungsamplitude in seinem Job sein (nur sitzend).
Übung:	Bewertung:
Übung 3: Kniestreckmuskulatur (M. rectus femoris)	Der Proband weist deutliche Beweglichkeitsdefizite im M. rectus femoris der rechten und linken Seite auf. Diese können mitverantwortlich für die nach dem Fußball auftretenden Schmerzen in der Oberschenkelforderseite sein. Ursache für die Bewegungseinschränkungen kann die Zwangshaltung (eingeschränkte, ständig sitzende Position) in seinem Beruf sein.
Übung 4: Kniebeugemuskulatur (Mm. ischiocrurales)	Der Proband weist leichte Beweglichkeitsdefizite in der ischiocruralen Muskulatur auf. Ursache für die Bewegungseinschränkungen kann die eingeschränkte Zwangshaltung in seinem Job sein (nur sitzend).
Übung 5: Wadenmuskulatur (Mm. triceps surae)	Die Wadenmuskulatur des rechten und linken Beins weist leichte Beweglichkeitsdefizite auf. Diese ergibt sich vermutlich aus der starken Belastung und das fehlende Beweglichkeitstraining im Fußball.

3 Teilaufgabe 3 – Trainingsplanung Beweglichkeitstraining

3.1 Belastungsgefüge

Der Proband führt das Dehntraining dreimal wöchentlich durch. Jede Übung wird für eine Dehndauer zwischen jeweils 30-45 Sekunden in 3 Serien durchgeführt. Die Dauer pro Trainingseinheit liegt für Anfänger zwischen 15-30 Minuten. Die Dehnübungen werden bis zum ersten Spannungsgefühl, also an der Dehnschwelle, ausgeführt. So lassen sich optimale Ergebnisse erzielen (Walker, 2014, S. 43).

3.2 Übungsauswahl

3.2.1 Übung 1: M. pectoralis major (großer Brustmuskel)

Die Zielmuskulatur ist der M. pectoralis major (großer Brustmuskel) der rechten und linken Körperseite. Ausgangsposition der Übung ist der Stand. Der Proband steht in Schrittstellung mit dem zu dehnenden Arm zur Wand. Das Bein der gegenüberliegenden Seite des zu testenden Arms steht vorne. Der Unterarm liegt senkrecht hinter der Körpermitte an der Wand. Das im 90° Winkel gebeugte Ellenbogengelenk befindet sich auf Schulterhöhe. Um die Dehnposition einzunehmen, dreht sich der Proband mit seinem Oberkörper und dem Kopf dosiert zur Gegenseite, bis er eine Dehnung in der Brust verspürt.

Dehnmethode: Postisometrisches Dehnen: Der Proband nimmt zunächst eine leichte Dehnposition im M. pectoralis major ein. Anschließend drückt er den Unterarm aktiv gegen die Wand, um die Brustmuskulatur isometrisch zu kontrahieren für eine Dauer von 6-10 Sekunden. Direkt danach entspannt er die Brustmuskulatur wieder für ca. 2-3 Sekunden. Danach wird der M. pectoralis major mit einem deutlich spürbaren Dehnreiz passiv und statisch durch Druck auf die Wand für ca. 10-20 Sekunden gedehnt. Der stetige Wechsel zwischen isometrischer Kontraktion und Dehnung wird für ca. 45 Sekunden durchgeführt. Belastungsgefüge: 6-10 Sekunden isometrische Kontraktion; 2-3 Sekunden Entspannung, 10-20 Sekunden statisch passives Dehnen. Es werden drei Sätze pro Seite ausgeführt.

3.2.2 Übung 2: M. iliopsoas (Lendendarmbeinmuskel)

Die Zielmuskulatur ist der M. iliopsoas (Lendendarmbeinmuskel). Ausgangsposition der Übung ist der Kniestand. Er stellt ein Bein vor dem Körper auf, sodass das Kniegelenk gebeugt ist und sich der Fuß vor dem Knie befindet. Das andere Bein liegt mit Knie und Unterschenkel auf der Unterlage auf. Die Hände stützen den Oberkörper auf dem vorderen Bein. Der Proband zieht den Bauchnabel nach innen und kippt das Becken nach hinten, um es zu fixieren. Der Proband gelangt in die Dehnposition, indem er den Körperschwerpunkt nach vorne unten verlagert und sein Becken absenkt. Die Dehnübung wird aktiv und dynamisch durchgeführt. Der Proband verlagert seinen Körperschwerpunkt abwechselnd leicht nach hinten und wieder zurück nach unten in die Dehnposition. Belastungsgefüge: Es werden so viele Wiederholungen bei langsamer, moderater Bewegungsgeschwindigkeit durchgeführt, bis eine Dauer von 45 Sekunden erreicht ist. Es werden insgesamt 3 Sätze pro Seite durchgeführt.

3.2.3 Übung 3: M. rectus femoris (Gerader Oberschenkelmuskel)

Zielmuskulatur ist der M. rectus femoris (gerader Muskel des Oberschenkels). Der Proband befindet sich in Bauchlage auf einer Liege. Das zu testende Bein liegt auf der Liege, das andere Bein ist neben der Liege mit einer deutlichen Hüftflexion auf dem Boden aufgestellt. Damit wird das Becken fixiert und ein Hohlkreuz verhindert. Der Proband beugt das zu testende Bein im Kniegelenk. Am Fuß ist ein zugfestes Seil mit einer Schlaufe befestigt. Die Enden des Seils hält der Proband in den Händen. Nun bringt der Proband Zug auf das Seil, wodurch der Fuß nach vorne gezogen und der M. rectus femoris gedehnt wird. Diese Übung wird bewusst mit einem Seil und nicht mit der Hand durchgeführt. Aufgrund seiner Beweglichkeitsdefizite kann er sein Sprunggelenk nicht ohne Einnehmen einer Ausweichsbewegung mit der Hand greifen. Um die korrekte Durchführung und Körperhaltung zu garantieren, wird das Seil als Hilfsmittel verwendet. Die Übung wird statisch und passiv durchgeführt. Belastungsgefüge: Der Proband hält die Position für eine Dehndauer von dreimal 45 Sekunden pro Seite.

3.2.4 Übung 4: Ischiocrurale Muskulatur

Zielmuskulatur sind der M. biceps femoris (zweiköpfiger Oberschenkelmuskel), M. semimembranosus (Plattsehnenmuskel) und der M. semitendinosus (Halbsehnenmuskel). Ausgangsposition der Übung ist die Rückenlage. Für die Übung wird ein Trainingspartner benötigt. Das nicht zu testende Bein liegt auf der Unterlage ab, um das Becken zu fixieren. Der Partner fixiert mit einer Hand das Knie des zu testenden Beins in der Streckung. Mit der anderen Hand hält er die Wade des zu testenden Beins. Nun führt er das Bein in die Hüftflexion, bis der Proband eine Spannung in der Oberschenkelrückseite verspürt. Die Dehnübung wird passiv und statisch durchgeführt. Belastungsgefüge: Der Proband hält die Position für eine Dehndauer von dreimal 45 Sekunden pro Seite.

3.2.5 Übung 5: M. soleus (Schollenmuskel)

Zielmuskulatur ist der M. soleus (Schollenmuskel). Ausgangsposition zum Dehnen ist der Stand. Der Proband stellt das zu dehnende Bein nach hinten. Das Kniegelenk ist leicht gebeugt, die gesamte Fußsohle hat Kontakt zum Boden. Das vordere Bein ist ebenfalls im Kniegelenk gebeugt und der Fuß ist auf dem Boden aufgestellt. Die Füße stehen hüftbreit auseinander und zeigen parallel nach vorne. Der Proband nimmt die Dehnposition ein, indem er seinen Oberkörper leicht nach vorne neigt und den Körperschwerpunkt nach vorne unten verlagert. Dadurch vergrößert sich die Dorsalextension im hinteren Sprunggelenk und es kommt zur Dehnung des M. soleus. Durch die Beugung im Kniegelenk wird eine Dehnung des M. gastrocnemius verhindert und damit ausschließlich der M. soleus gedehnt. Die Dehnübung wird passiv und statisch ausgeführt. Belastungsgefüge: Der Proband hält die Position für eine Dehndauer von dreimal 45 Sekunden pro Seite.

3.2.6 Übung 6: M. gastrocnemius (Zwillingswadenmuskel)

Die Zielmuskulatur ist der M. gastrocnemius (Zwillingswadenmuskel). Ausgangsposition ist der Stand. Der Proband stellt das zu dehnende Bein gestreckt nach hinten. Die Fußsohle hat Kontakt zum Boden. Das vordere Bein ist im Kniegelenk gebeugt und der

Fuß auf dem Boden aufgestellt. Die Füße stehen hüftbreit auseinander und zeigen parallel nach vorne. Der Proband nimmt die Dehnposition ein, indem er seinen Oberkörper leicht nach vorne neigt und den Körperschwerpunkt nach vorne unten verlagert. Dadurch vergrößert sich die Dorsalextension im hinteren Sprunggelenk und es kommt durch die Kniestreckung zur Dehnung des M. gastrocnemius. Die Dehnübung wird passiv dynamisch ausgeführt. Dazu wird das vordere Bein vom Probanden im Wechsel leicht gestreckt und wieder gebeugt. Belastungsgefüge: Es werden so viele Wiederholungen bei langsamer, moderater Bewegungsgeschwindigkeit durchgeführt, bis eine Dauer von 45 Sekunden erreicht ist. Es werden insgesamt drei Sätze pro Seite durchgeführt.

3.2.7 Übung 7: Oberschenkeladduktoren

Die Zielmuskulatur sind der M. pectineus, M. adductor longus, M. adductor brevis, M. adductor magnus, M. adductor minimus und der M. gracilis. Ausgangsposition ist der Kniestand. Der Proband streckt das zu dehnende Bein zur Seite und stellt die Fußsohle auf dem Boden auf. Das Kniegelenk ist gestreckt. Um die Dehnposition einzunehmen senkt er das Becken leicht nach hinten unten ab. Die Dehnübung wird passiv dynamisch durchgeführt. Dazu hebt er das Becken im Wechsel leicht nach vorne oben an und senkt es dann wieder nach hinten unten ab. Belastungsgefüge: Es werden so viele Wiederholungen bei langsamer, moderater Bewegungsgeschwindigkeit durchgeführt, bis eine Dauer von 45 Sekunden erreicht ist. Es werden insgesamt drei Sätze durchgeführt.

3.2.8 Übung 8: Nackenmuskulatur

Zielmuskulatur ist der M. trapezius pars descendens (Trapezmuskel, oberer Anteil). Ausgangsposition ist der Stand. Der Proband neigt den Kopf zur Seite mit Blickrichtung nach vorne. Er nimmt die Dehnposition ein, indem er die zur Kopfneigung gegenüberliegende Schulter nach unten zieht. Zusätzlich zieht er mit der Hand, zu der der Kopf geneigt ist, den Kopf leicht noch etwas weiter in die Seitneigung. Die Dehnübung ist eine Mischung aus der aktiven und passiven Dehnform und wird statisch gehalten. Belastungsgefüge: Der Proband hält die Position für eine Dehndauer von dreimal 45 Sekunden pro Seite.

3.2.9 Übung 9: Schulterblattfixatoren

Zielmuskulatur sind der M. trapezius (Trapezmuskel) und die Mm. rhomboidei (Rautenmuskeln). Ausgangsposition ist der Stand. Der Proband verschränkt die Hände vor

dem Körper und hebt die Arme auf Schulterhöhe nach vorne an. Um in die Dehnposition zu gelangen, neigt der Proband den Kopf vor und zieht die Schulterblätter aktiv nach
vorne. Die Schultern bleiben dabei in einer tiefen Position. Die Übung wird aktiv und
statisch ausgeführt. Belastungsgefüge: Der Proband hält die Position für eine Dehndauer
von dreimal 45 Sekunden.

3.2.10 Übung 10: Rückenstrecker

Zielmuskulatur sind die Mm. erector Spinae (autochthone Rückenmuskulatur). Ausgangsposition ist der Vierfüßlerstand. Um die Dehnposition einzunehmen, spannt der
Proband die Bauchmuskulatur an und wölbt die Wirbelsäule nach oben. Die Übung
wird aktiv und dynamisch ausgeführt. Der Proband wechselt zwischen Bauchanspan-
nung und -entspannung, also gewölbtem und geradem Rücken. Belastungsgefüge: Es
werden so viele Wiederholungen bei langsamer, moderater Bewegungsgeschwindigkeit
durchgeführt, bis eine Dauer von 45 Sekunden erreicht ist. Es werden insgesamt drei
Sätze durchgeführt.

3.3 Begründung des Dehnprogramms

Die Übungen des Dehnprogramms wurden unter Bezugnahme auf die Personendaten
und den Ergebnissen des Beweglichkeitstests ausgewählt. Da der Proband im Beweg-
lichkeitstest Beweglichkeitsdefizite im M. pectoralis major, M. iliopsoas, M. rectus
femoris, Mm. ischiocrurales und den Mm. triceps surae aufwies, wurden zunächst für
diese Muskeln Dehnübungen ausgewählt. Außerdem wurde diese Auswahl mit Dehnübungen für die Muskeln der Oberschenkeladduktoren, der Nackenmuskulatur, der
Schulterblattfixatoren und des Rückenstreckers ergänzt. Dies hat den Hintergrund, dass
der Proband bislang kein Beweglichkeitstraining durchgeführt hat. Deshalb wurde bewusst auf ein Dehntraining für alle wichtigen Muskelgruppen und Muskel-Gelenk-
Systeme zurückgegriffen. Die Muskulatur der Oberschenkeladduktoren wurde ausgewählt, da Fußballer, wie der Proband, häufig unter einer Fußballerleiste infolge einer
Überbeanspruchung der Adduktoren leiden (Arora, 2003, S. 18). Um dem vorzubeugen,
wird diese Muskelgruppe präventiv gedehnt. In Deutschland leidet rund jeder Zweite
(52 %) gelegentlich an Rückenschmerzen infolge einer einseitigen Sitzhaltung (Statis-
ta.com, 2017). Da auch der Proband einen Beruf im Sitzen ausführt, wurden präventiv
Dehnübungen für die Nackenmuskulatur, die Schulterblattfixatoren und den Rücken-
strecker ausgewählt.

11

4   Teilaufgabe 4 – Trainingsplanung Koordinationstraining

Durch die koordinativen Fähigkeiten eines Menschen können Bewegungen schnell und gut erlernt, zielgerichtet und präzise kontrolliert und situationsangemessen variiert werden. Zudem sichern sie eine erfolgreiche Bewältigung motorischer Arbeits- und Alltagsanforderungen, wodurch Unfall- und Gefahrensituationen schneller erkannt und besser bewältigt werden können (Kröger & Roth, 2014, S. 11). Deshalb ist ein Training der koordinativen Fähigkeiten sehr wichtig. Insbesondere das Gleichgewicht spielt bei der Koordination eine große Rolle.

Für den Probanden wurde ein Trainingsplan für das Koordinationstraining im Sinne eines Gleichgewichtstrainings erstellt. Folgende Faktoren wurden dabei berücksichtigt:

- Der Proband hat bislang keine Erfahrung im Koordinationstraining. Deshalb wurden für seinen Trainingsplan Übungen für Anfänger ausgewählt.
- Im Fußball wird das Gleichgewicht besonders bei Sprüngen, Drehungen oder Störaktionen durch den Gegner gefordert. Mit den ausgewählten Übungen soll der Proband diesen Anforderungen beim Fußball besser gerecht werden.
- Die Übungen bauen systematisch aufeinander auf. Besonders die methodisch-didaktische Prinzipien wurden dabei berücksichtigt:

  „Vom Leichten zum Schweren": Das Training wird mit leichten Aufgaben begonnen, um Erfolgserlebnisse zu schaffen und Misserfolge zu vermeiden (Chwilkowski, 2006, S.56).

  „Von einfachen zu komplexen Anforderungen": Es wird zuerst die stabilisierende Rumpfmuskulatur aktiviert und danach die Extremitäten eingesetzt (Chwilkowski, 2006, S.56).

  „Von statischen zu dynamischen Anforderungen": Es wird mit reinen Halteaufgaben begonnen. Die zunehmend dynamischen Extremitäteneinsätze und sportartspezifischen Bewegungsabfolgen schulen die Koordination (Chwilkowski, 2006, S. 56).

- Durch veränderte Umweltbedingungen,Ausgangsstellungen und/oder Zusatzaufgaben werden die Übungen gesteigert.
- Der Einsatz von Hilfsmitteln und Kleingeräten soll das Training abwechslungsreich gestalten und erlaubt das Steigern des Schwierigkeitsgrades verschiedener Übungen.

4.1 Belastungsgefüge

Der Proband führt das Gleichgewichtstraining dreimal wöchentlich durch. Jede Übung wird für jeweils 30-45 Sekunden in drei Sätzen durchgeführt. Zwischen den Serien erfolgt eine Satzpause von 20-30 Sekunden. Die Dauer pro Trainingseinheit liegt zwischen 15-30 Minuten.

4.2 Übungsauswahl

4.2.1 Übung 1: Beidbeiniger Stand auf Bosu-Ball mit geöffneten Augen

Der Bosu-Ball liegt mit der gewölbten Seite nach unten. Der Proband stellt sich im hüftbreiten Stand auf den Bosu-Ball. Die Kniegelenke sind leicht gebeugt, der Oberkörper ist aufrecht, die Hände liegen an der Hüfte. Diese Position hält der Proband für 30-45 Sekunden in drei Serien.

4.2.2 Übung 2: Beidbeiniger Stand auf dem Bosu-Ball mit geschlossenen Augen

Der Bosu-Ball liegt mit der gewölbten Seite nach unten. Der Proband stellt sich im hüftbreiten Stand auf den Bosu-Ball. Die Kniegelenke sind leicht gebeugt, der Oberkörper ist aufrecht, die Hände liegen an der Hüfte. Der Proband schließt die Augen und versucht diese Position für 30-45 Sekunden in drei Serien zu halten.

4.2.3 Übung 3: Beidbeiniger Stand auf dem Bosu-Ball mit geschlossenen Augen und Fremdeinwirkung durch Partner

Der Bosu-Ball liegt mit der gewölbten Seite nach unten. Der Proband stellt sich im hüftbreiten Stand auf den Bosu-Ball. Die Kniegelenke sind leicht gebeugt, der Oberkörper ist aufrecht, die Hände liegen an der Hüfte. Der Proband schließt die Augen. In unregelmäßigen Abständen gibt sein Trainingspartner leichte Impulse aus verschiedenen Richtungen. Der Proband versucht diesen Übungen standzuhalten und die Position für 30-45 Sekunden in drei Serien zu halten.

4.2.4 Übung 4: Einbeinstand auf Posturomed mit geöffneten Augen

Die Bremsen des Posturomeds sind geöffnet. Ausgangsposition ist der Einbeinstand auf dem Posturomed: Die Hände liegen an der Hüfte. Das Knie des Standbeins ist leicht gebeugt, die gesamte Fußsohle hat Kontakt zur Unterlage und der Außenrist gibt leichten Druck auf das Posturomed. Das andere Bein ist ca. 90° im Kniegelenk gebeugt. Der Oberkörper ist aufrecht, das Brustbein ist leicht angehoben. Der Bauchnabel wird nach innen gezogen, um ein Hohlkreuz zu vermeiden. Diese Position versucht er für 30-45 Sekunden in drei Serien pro Bein zu halten.

4.2.5 Übung 5: Einbeinstand auf Posturomed mit geschlossenen Augen

Die Bremsen des Posturomeds sind geöffnet. Ausgangsposition ist der Einbeinstand auf dem Posturomed: Die Hände liegen an der Hüfte. Das Knie des Standbeins ist leicht gebeugt, die gesamte Fußsohle hat Kontakt zur Unterlage und der Außenrist gibt leichten Druck auf das Posturomed. Das andere Bein ist ca. 90° im Knie- und Hüftgelenk gebeugt. Der Oberkörper ist aufrecht, das Brustbein ist leicht angehoben. Der Bauchnabel wird nach innen gezogen, um ein Hohlkreuz zu vermeiden. Nun schließt der Proband die Augen und versucht diese Position für 30-45 Sekunden in drei Serien pro Bein zu halten.

4.2.6 Übung 6: Einbeinstand auf Posturomed mit geöffneten Augen und werfen eines Tennisballes

Ausgangsposition ist der Einbeinstand auf dem Posturomed: Die Hände liegen an der Hüfte. Das Knie des Standbeins ist leicht gebeugt, die gesamte Fußsohle hat Kontakt zur Unterlage und der Außenrist gibt leichten Druck auf das Posturomed. Das andere Bein ist ca. 90° im Knie- und Hüftgelenk gebeugt. Der Oberkörper ist aufrecht, das Brustbein ist leicht angehoben. Der Bauchnabel wird nach innen gezogen, um ein Hohlkreuz zu vermeiden. Nun wirft der Proband einen Tennisball mit 60-80cm Höhe im Wechsel von Hand zu Hand. Diese Übung führt er für 30-45 Sekunden in drei Sätzen durch.

4.2.7 Übung 7: Kniebeuge auf Posturomed mit geöffneten Augen

Ausgangsposition ist der beidbeinige Stand auf dem Posturomed. Die Unterarme sind vor der Brust gekreuzt und die Hände liegen an den Schultern. Dann führt der Proband Kniebeugen aus: Die Knie- und Hüftgelenke werden über die maximale Bewegungsamplitude gebeugt. Am Umkehrpunkt erfolgt die langsame und kontrollierte Streckung der Hüft- und Kniegelenke zurück in den aufrechten Stand. Dies wird für 30-45 Sekunden wiederholt und in drei Sätzen durchgeführt.

4.2.8 Übung 8: Kniebeuge auf Posturomed mit geschlossenen Augen

Ausgangsposition ist der beidbeinige Stand auf dem Posturomed. Die Unterarme sind vor der Brust gekreuzt und die Hände liegen an den Schultern. Der Proband schließt die Augen und führt dann Kniebeugen aus: Die Knie- und Hüftgelenke werden über die maximale Bewegungsamplitude gebeugt. Am Umkehrpunkt erfolgt die langsame und kontrollierte Streckung der Hüft- und Kniegelenke zurück in den aufrechten Stand. Dies wird für 30-45 Sekunden wiederholt und in drei Sätzen durchgeführt.

4.2.9 Übung 9: Ausfallschritt mit Füßen auf einer Linie

Ausgangsposition ist der beidbeinige Stand. Der Proband stellt ein Bein hinter dem anderen in einer Linie auf. Zur Orientierung wird ein Klebeband am Boden befestigt. Nun senkt er den Körperschwerpunkt ab, bis das hintere Knie beinahe den Boden berührt. Das Knie des vorderen Beins ist in etwa 90° gebeugt, die Zehenspitzen liegen vor dem Knie. Anschließend streckt er Hüft- und Kniegelenke wieder. Dies wird für ca. 30-45 Sekunden in drei Sätzen pro Bein durchgeführt.

4.2.10 Übung 10: Ausfallschritt mit einem Fuß in der TRX-Schlaufe

Ausgangsposition der Übung ist der Stand. Der Proband hängt ein Bein in eine der beiden TRX Schlaufen (ca. 30cm über dem Boden). Nun senkt er den Körperschwerpunkt ab. Dabei wird das vordere Bein im Knie- und Hüftgelenk gebeugt. Das Knie befindet sich hinter den Zehenspitzen. Das hintere Bein wird leicht nach hinten geschoben und im Hüft- und Kniegelenk gestreckt. Anschließend hebt sich der Proband zurück in die Ausgangsposition. Dies wird für ca. 30-45 Sekunden in drei Sätzen pro Bein durchgeführt.

5 Teilaufgabe 5 – Literaturrecherche

Tab. 5: Studie Nr. 1: „Wie beeinflussen unterschiedliche Dehnintensitäten kurzfristig die Veränderung der Bewegungsreichweite?" (Marschall, F., 1999, S. 5-9)

Wer hat die Studie durchgeführt:	F. Marschall
Jahr der Publizierung:	1999
Forschungsfrage:	Wie wirken sich unterschiedlich intensive mechanische Dehnbelastungen der ischiocruralen Muskulatur auf die maximale Bewegungsreichweite aus und wie verändert sich innerhalb einer Serie mit wiederholten Dehnungen der subjektiv angesteuerte Gelenkwinkelbereich?
Versuchspersonen:	- 21 Personen, davon neun Frauen und zwölf Männer - Alter: 24,8±3,4 Jahre - Größe: 172,9±8,5 cm - Gewicht: 66,6±11,0kg
Versuchsaufbau:	Die Versuchspersonen wurden nach einem Eingewöhnungstest zur Erfassung der maximalen Dehnung zufällig in zwei Gruppen eingeteilt. Eine der Gruppen führte weiches Dehnen (= Dehnen an der Dehnschwelle mit deutlich spürbarem Dehngefühl) durch, die andere Gruppe maximales Dehnen (= größtmögliches Dehnen, welches sofort nach Erreichen wieder aufgelöst werden muss). Nach spezifischer Erwärmung der ischiocruralen Muskulatur wurde in einem Vortest die maximale Dehnung erfasst. Die treatment-Prozedur bestand aus insgesamt 15 Wiederholungen ohne Pause aus der Neutral-0°-Position des Hüftgelenks bis zur jeweiligen von der Versuchsperson bestimmten treatment-Grenze. Der Untersuchungstermin schloss mit der nochmaligen Erfassung der maximalen Dehnung ab.
Relevante Ergebnisse/ Schlussfolgerungen:	Beide Intensitätsstufen führten kurzfristig zu einer signifikanten Verbesserung der maximalen Bewegungsreichweite. Die Differenz der maximalen Dehnung zwischen Vor- und Nachtest betrug durchschnittlich 7,24±4,19° bei maximaler Intensität und 3,29±4,53° bei submaximaler Intensität (= weiches Dehnen). Die Veränderung der Bewegungsreichweite unterschied sich deutlich von der Veränderung nach 15 Wiederholungen mit submaximaler Dehnintensität. Im Verlauf der 15 Wiederholungen kam es zu keiner Verschiebung der Dehnschwelle. Die durchschnittliche Differenz zwischen Ausgangs- und Endwert der Serie betrug 0,43°. Die maximale Bewegungsreichweite verschob sich aber über die 15 Wiederholungen bedeutsam und erreichte mit 6,24° Differenz zwischen erster und letzter Wiederholung beinahe die gleiche Differenz wie zwischen Vor- und Nachtest-

16

Tab. 6: Studie Nr. 2 „Bewegungsreichweite, Zugkraft und Muskelaktivität bei eigen- bzw. fremdregulierter Dehnung"

Wer hat die Studie durchgeführt:	S. Glück, M. Schwarz, U. Hoffman und G. Wydra
Jahr der Publizierung:	2002
Forschungsfrage:	Gibt es nach 15 singulären Dehnungen bei kurzfristiger Betrachtung Unterschiede zwischen der direkten und indirekten Eigendehnung und der indirekten Fremddehnung im Hinblick auf die mittlere Ausprägung der Bewegungsreichweite, der Zugkraft und der Muskelaktivität?
Versuchspersonen:	- 27 Sportstudenten, davon 16 männlich und 11 weiblich - Alter: 24,8±1,7 Jahre - Größe: 175,6±7,7 cm - Gewicht: 67,6±9,6 kg - Ausgeschlossen waren Studenten, die Sportarten mit überdurchschnittlich hohen Beweglichkeitsanteilen betrieben.
Versuchsaufbau:	Die Versuchspersonen wurden nach dem Zufallsprinzip in drei Gruppen aufgeteilt. Sie führten zur Überprüfung der Dehnfähigkeit der ischiocruralen Muskeln drei standardisierte Testformen in randomisierter Reihenfolge durch. Innerhalb einer Woche wurden drei Gewöhnungstermine durchgeführt. Dort sollten sich die Probanden mit der Apparatur, den drei Durchführungsformen und der maximalen Dehnposition an der Schmerzgrenze vertraut machen. Danach begann nach einer Woche Pause die dreiwöchige Testphase mit je einem Test pro Woche. Am Tag vor jedem Testtermin sollten die Probanden keine intensiven körperlichen Belastungen durchführen. Außerdem sollten sie kein zusätzliches Beweglichkeitstraining durchführen. Im ersten Test führten die Versuchspersonen eine direkte Eigendehnung über einen Seilzug durch. Im zweiten Test führten sie eine indirekte Eigendehnung durch selbständiges Bedienen eines Elektromotors durch. Im dritten Test führten sie eine indirekte Fremddehnung. Dabei steuerte der Testleiter über einen Elektromotor die Dehnung, wobei die Versuchspersonen die Intensität durch Zuruf steuern konnten. Erfasst wurden dabei die maximale Bewegungsreichweite (BR_{max}) an der Schmerzgrenze, die Zugkraft bei konstantem Winkel (ZK) der jeweils ersten BR_{max} und maximal tolerierte Zugkraft in maximaler Dehnposition (ZK_{max}) jeweils mit Hilfe eines Dehnungsmessstreifens und die Muskelaktivität des M. biceps femoris als Integral mittels EMG-Verstärker. Vor jedem Test erwärmten sich die Probanden für fünf Minuten auf einem Fahrradergometer. Danach wurden sie auf der Mess-Apparatur fixiert und die Beingewichtskraft bei einem Hüftflexionswinkel von 45° und gleichzeitiger Knieextension bestimmt. Danach wurde das getestete Bein durch direkte oder indirekte Eigendehnung bzw. Fremddehnung 15-mal nacheinander in die maximale Dehnposition gebracht und unmittelbar danach wieder zum Ausgangswinkel von 45° bewegt. Nach 15 Wiederholungen wurde zur Relativierung der Muskelaktivität des M. biceps femoris während der Dehnung die willkürliche Kontrakitionskraft fünf Prozent unterhalb der durchschnittlichen BR_{max} gemes-

	sen. Die Bestimmung der maximal willkürlichen Kontraktionskraft ist stets von der Motivation der Versuchsperson abhängig. Deshalb wurde versucht, die Probanden standardisiert verbal zur maximalen Leistung zu animieren. Für die statistische Verarbeitung wurden BR_{max} und ZK_{max} in maximaler Dehnposition ermittelt. Dieser Dehnbereich wurde mittels der Borg-Skala objektiviert. Zum Berechnen der ZK wurde der jeweils maximale Winkel bei der ersten Hüftflexion als Ausgangswert festgelegt. Die weiteren Wiederholungen wurden bei diesem konstanten Winkel ausgewertet. Im Anschluss an alle drei Dehnmethoden befragte man die Versuchspersonen nach der für sie angenehmsten Durchführungsform.
Relevante Ergebnisse/ Schlussfolgerungen:	Bezüglich der maximalen Bewegungsreichweite konnten zwischen direkter und indirekte Eigendehnung und indirekter Fremddehnung signifikante Unterschiede erfasst werden. Die BR_{max} lag im Schnitt bei direkter Eigendehnung (110,7°) um 5% höher als bei indirekter Eigendehnung (105,7°) und indirekter Fremddehnung (105,4°). Zwischen den indirekten Methoden konnte kein Unterschied erfasst werden. Auch im Vergleich der Ausgangswerte von direkter Eigendehnung und indirekter Eigendehnung bzw. direkter Eigendehnung und indirekter Fremddehnung konnten große Unterschiede festgestellt werden. Der Ausgangswert der direkten Eigendehnung (104,1°) lag um 4° höher als der, der indirekten Eigendehnung (100,3°) und um 5% höher als der, der indirekten Fremddehnung (99,4°). Der Ausgangswert der indirekten Eigendehnung war nur 1% höher, als der der indirekten Fremddehnung. Zwischen den drei Methoden konnten keine nennenswerten Unterschiede der Zugkraft bei konstantem Bezugswinkel erfasst werden. Im Schnitt war ZK bei direkter Eigendehnung um 4% niedriger als bei indirekter Eigendehnung und 13% niedriger als bei indirekter Fremddehnung. Bei den indirekten Methoden gab es eine Differenz von 8%. Zwischen den jeweils ersten Werten der direkten und indirekten Dehnung konnte kein nennenswerter Unterschied festgestellt werden. Der erste Wert der direkten Eigendehnung war um 2% niedriger als der der indirekten Eigendehnung und 9% niedriger als der der indirekten Fremddehnung. Die Differenz zwischen dem ersten Wert der indirekten Eigen- und Fremddehnung betrug 7%. Zwischen den drei Methoden gab es außerdem keine nachweisbaren Unterschiede der maximal tolerierten Zugkraft. ZK_{max} war bei direkter Eigendehnung (180,9 N) durchschnittlich um 1% geringer als bei indirekter Fremddehnung (183,2 N) und gleich hoch wie bei indirekter Eigendehnung (181,2 N). Die drei ersten Werte der Dehnmethoden wiesen keinen signifikanten Unterschied auf. Bei der Muskelaktivität konnten keine nennenswerten Gruppenunterschiede erfasst werden

6 Literaturverzeichnis

Arora, A. (2003). *Analyse physiologischer und psychologischer Befunde von Bundesligaspielern als Spätfolgen ihrer Fußballkarriere.* Magisterarbeit, Philosophische Fakultät der Rheinischen-Friedrich-Wilhelms-Universität. Bonn.

Chwilkowski, C. (2006). *Medizinisches Koordinationstraining: Verbesserung der Haltungs- und Bewegungskoordination durch Propriozeption.* Köln: Deutscher Trainer Verlag.

Glück, S., Schwarz, M., Hoffmann, U. & Wydra, G. (2002). Bewegungsreichweite, Zugkraft und Muskelaktivität bei eigen- bzw. fremdregulierter Dehnung. *Deutsche Zeitschrift für Sportmedizin.* 53 (3), 66-71.

Janda, V. (2000). *Manuelle Muskelfunktionsdiagnostik* (4. Aufl.). München: Urban & Fischer Verlag. Schorndorf: Hofmann-Verlag.

Kröger C. & Roth, K. (2014). *Koordinationsschulung im Kindes- und Jugendalter: Eine Übungssammlung für Sportlehrer und Trainer.*

Marschall, F. (1999). Wie beeinflussen unterschiedliche Dehnintensitäten kurzfristig die Veränderung der Bewegungsreichweite. *Deutsche Zeitschrift für Sportmedizin,* 50 (1), 5-9.

Statista.com. (2017). *Deutschland hat Rücken.* Zugriff am 12.12.2018. Verfügbar unter https://de.statista.com/infografik/8488/rueckenschmerzen-in-deutschland/

Walker, B. (2014). *Anatomie des Stretchings: Mit der richtigen Dehnung zu mehr Beweglichkeit* (1. Aufl.). München: riva Verlag.

7 Tabellenverzeichnis